Libro de Cocina
DIETA DASH
2021

La mejor guía y libro de costura para
bajar la presión arterial con recetas
rápidas y sabrosas.
Platos bajos en sodio para un estilo
de vida sano y equilibrado.

Jasmin Contrero

Índice

—

La información que figura en las páginas siguientes se considera en general una exposición veraz y exacta de los hechos y, como tal, toda falta de atención, utilización o uso indebido de la información en cuestión por parte del lector hará que las acciones resultantes queden únicamente bajo su competencia. No hay ningún escenario en el que el editor o el autor original de esta obra pueda ser considerado de alguna manera responsable de cualquier dificultad o daño que pueda ocurrirles después de emprender la información aquí descrita.

Además, la información que figura en las páginas siguientes tiene fines exclusivamente informativos y, por lo tanto, debe considerarse universal. Como corresponde a su naturaleza, se presenta sin garantías sobre su validez prolongada o su calidad provisional. Las marcas comerciales que se mencionan se hacen sin consentimiento escrito y no pueden considerarse en modo alguno como una aprobación del titular de la marca.

Recetas de desayuno

Mezcla para el desayuno de clara de huevo

Tiempo de preparación: 10 minutos

Tiempo de cocción: 10 minutos

Porciones: 4

Ingredientes:

- 1 cebolla amarilla, picada

- 3 tomates ciruela, picados

- 10 onzas de espinacas, picadas

- Una pizca de pimienta negra

- 2 cucharadas de agua

- 12 claras de huevo

- Spray de cocina

Instrucciones:

1. Mezcla las claras de huevo con agua y pimienta en un tazón. Engrasar una sartén con spray de cocina, calentar a fuego medio, añadir ¼ de las claras de

huevo, esparcir en la sartén y cocinar durante 2 minutos.

2. Cuchara ¼ de la espinaca, tomates y cebolla, doblar y añadir a un plato. 4. Servir para el desayuno. ¡Disfrutad!

Nutrición:

Calorías: 31

Carbohidratos: 0g

Grasa: 2g

Proteína: 3g

Sodio: 55 mg

Tortilla al pesto

Tiempo de preparación: 10 minutos

Tiempo de cocción: 6 minutos

Porciones: 2

Ingredientes:

- 2 cucharaditas de aceite de oliva

- Puñado de tomates cherry, picados

- 3 cucharadas de pesto de pistacho

- Una pizca de pimienta negra

- 4 huevos

Instrucciones:

1. En un tazón, combine los huevos con tomates cherry, pimienta negra y pesto de pistacho y bata bien. Añada la mezcla de huevos, espárzala en la sartén, cocínela durante 3 minutos, déle la vuelta, cocínela durante 3 minutos más, divídala entre 2 platos y sírvala en una sartén caliente con el aceite a fuego medio-alto.

Nutrición:

Calorías: 240

Carbohidratos: 23g

Grasa: 9g

Proteína: 17g

Sodio: 292 mg

Tazones de Quinua

Tiempo de preparación: 10 minutos

Tiempo de cocción: 20 minutos

Porciones: 2

Ingredientes:

- 1 melocotón, en rodajas

- 1/3 taza de quinoa, enjuagada

- 2/3 de taza de leche baja en grasa

- ½ cucharadita de extracto de vainilla

- 2 cucharaditas de azúcar moreno

- 12 frambuesas

- 14 arándanos

Instrucciones:

1. Mezclar la quinoa con la leche, el azúcar y la vainilla en una pequeña cacerola, cocer a fuego medio, cubrir la cacerola, cocinar durante 20 minutos y dar la vuelta con un tenedor. Dividir esta mezcla en 2 tazones, cubrir cada uno con frambuesas y arándanos y servir para el desayuno.

Nutrición:

Calorías: 170

Carbohidratos: 31g

Grasa: 3g

Proteína: 6g

Sodio: 120 mg

Sándwich de fresa

Tiempo de preparación: 10 minutos

Tiempo de cocción: 0 minutos

Porciones: 4

Ingredientes:

- 8 onzas de queso crema bajo en grasa, suave

- 1 cucharada de stevia

- 1 cucharadita de cáscara de limón, rallada

- 4 panecillos ingleses integrales, tostados

- 2 tazas de fresas, en rodajas

Instrucciones:

1. En tu procesador de alimentos, combina el queso crema con la stevia y la cáscara de limón y pulsa bien. Esparce una cucharada de esta mezcla en la mitad de un panecillo y cúbrelo con algunas de las fresas cortadas. Repita con el resto de las mitades del panecillo y sírvalas para el desayuno. ¡Que aproveche!

Nutrición:

Calorías: 150

Carbohidratos: 23g

Grasa: 7g

Proteína: 2g

Sodio: 70 mg

Muffins de quinoa de manzana

Tiempo de preparación: 10 minutos

Hora de cocinar: 35 minutos

Porciones: 4

Ingredientes:

- ½ taza de puré de manzana natural sin azúcar

- 1 taza de plátano, pelado y triturado

- 1 taza de quinoa

- 2 y ½ tazas de avena a la antigua

- ½ taza de leche de almendra

- 2 cucharadas de stevia

- 1 cucharadita de extracto de vainilla

- 1 taza de agua

- Spray de cocina

- 1 cucharadita de canela en polvo

- Una manzana, sin corazón, pelada y picada.

Instrucciones:

1. Poner el agua en una pequeña cacerola, ponerla a hervir a fuego medio, añadir la quinoa, cocinarla en 15 minutos, esponjar con un tenedor y transferirla a un bol.

2. Añade todos los ingredientes, revuelve, divide en un molde de panecillos las grasas con el spray de cocina, introduce en el horno y hornea en 20 minutos a 375 grados F. Sirve para el desayuno.

Nutrición:

Calorías: 241

Carbohidratos: 31g

Grasa: 11g

Proteína: 5g

Sodio: 251 mg

Muy Berry Muesli

Tiempo de preparación: 15 minutos

Tiempo de cocción: 0 minutos

Porciones: 2

- Ingredientes:

- 1 c. Avena

- 1 c. Yogur con sabor a fruta

- ½ c. Leche

- 1/8 cucharadita de sal

- ½ c pasas de uva secas

- ½ c. Manzana picada

- ½ c. Arándanos congelados

- ¼ c. Nueces picadas

Instrucciones:

1. Combine su yogur, sal y avena en un tazón mediano, mézclelo bien y luego cúbralo bien. Refrigerar durante al menos 6 horas. Añada sus pasas y manzanas en el pliegue suave. Cubrir con nueces y servir. ¡Disfrute!

Instrucciones:

Nutrición:

Calorías: 195

Proteína 6g

Carbohidratos 31g

Grasa 4g

Sodio 0mg

Panecillos de Quiche Vegetal

Tiempo de preparación: 15 minutos

Hora de cocinar: 40 minutos

Porciones: 12

Ingredientes:

- ¾ c. Cheddar triturado

- 1 c. de cebolla verde picada

- 1 c. Brócoli picado

- 1 c. de tomates cortados en cubos

- 2 c. Leche

- 4 Huevos

- 1 c. Mezcla para panqueques

- 1 cucharadita de orégano

- ½ tsp. Sal

- ½ tsp. Pepper

Instrucciones:

1. Precaliente su horno a 375 0F, y engrase ligeramente un molde de panecillos de 12 tazas con aceite. Espolvoree

sus tomates, brócoli, cebollas y queso cheddar en sus tazas de panecillos.

2. Combina los ingredientes restantes en un medio, bate para combinar, y luego vierte uniformemente sobre las verduras.

3. Ponga a cocer en su horno precalentado durante unos 40 minutos o hasta que se dore. Deje que se enfríe ligeramente (unos 5 minutos), y luego sirva. ¡Disfrute!

Nutrición:

Calorías: 58.5

Proteína 5,1 g

Carbohidratos 2,9 g

Grasa 3,2 g

Sodio 340 mg

Estratos de salchichas y hongos de pavo

Tiempo de preparación: 15 minutos

Tiempo de cocción: 8 minutos

Porciones: 12

Ingredientes:

- 8 oz. de pan Ciabatta en cubos

- 12 oz. de salchicha de pavo picada

- 2 c. Leche

- 4 oz. de Cheddar rallado

- 3 huevos grandes

- 12 oz. Sustituto de huevo

- ½ c. Cebolla verde picada

- 1 c. de champiñón en cubitos

- ½ tsp. Paprika

- ½ tsp. Pepper

- 2 cucharadas de queso parmesano rallado.

Instrucciones:

1. Ponga el horno a precalentar a 400 oF. Ponga sus cubos de pan en una bandeja de hornear y tuéstelos durante unos 8 minutos. Mientras tanto, agregue una sartén a fuego medio con la salchicha y cocine mientras revuelve, hasta que esté completamente dorada y desmenuzada.

2. Mezcla sal, pimienta, pimentón, queso parmesano, sucedáneo del huevo, huevos, queso cheddar y leche en un tazón grande. Añada el resto de los ingredientes y mézclelos bien para incorporarlos.

3. Transfiera la mezcla a una gran bandeja de hornear (preferiblemente una de 9x13 pulgadas), luego cúbrala bien y déjela reposar en el refrigerador durante la noche. Ponga el horno a precalentar a 3500F, retire la tapa de la cacerola y hornee hasta que se dore y esté bien cocido. Cortar y servir.

Nutrición:

Calorías: 288,2

Proteína 24.3g

Carbohidratos 18.2g

Gordo. 12.4g

Sodio 355 mg

Trozos de tocino

Tiempo de preparación: 15 minutos

Tiempo de cocción: 60 minutos

Porciones: 4

Ingredientes:

- 1 c. Mijo

- 5 c. Agua

- 1 c. de patata dulce en dados

- 1 cucharadita de canela molida

- 2 cucharadas de azúcar moreno.

- 1 Manzana mediana cortada en cubos

- ¼ c. Miel

Instrucciones:

1. En una olla honda, agregue el azúcar, la batata, la canela, el agua y el mijo, luego revuelva para combinar, y luego hierva a fuego alto. Después de eso, hierve a fuego lento.

2. Cocina así durante una hora, hasta que el agua se absorba completamente y el mijo esté cocido. Revuelva los ingredientes restantes y sirva.

Nutrición:

Calorías: 136

Proteína 3.1g

Carbohidratos 28.5g

Grasa 1.0g

Sodio 120 mg.

Tortitas de avena y arándanos con corte de acero

Tiempo de preparación: 15 minutos

Tiempo de cocción: 15 minutos

Porciones: 4

Ingredientes:

- 1½ c. Agua

- ½ c. avena cortada con acero

- 1/8 cucharadita de sal

- 1 c. Harina de trigo integral

- ½ cdta. Polvo de hornear

- ½ cdta. Bicarbonato de sodio

- 1 huevo

- 1 c. Leche

- ½ c. Yogur griego

- 1 c. Arándanos congelados

- ¾ c. Néctar de Agave

Instrucciones:

1. Combine la avena, la sal y el agua en una cacerola
    mediana, revuelva y deje que hierva a fuego alto.
    Ajustar el fuego a bajo, y dejar hervir a fuego lento
    durante unos 10 minutos, o hasta que la avena se
    ablande. Poner a un lado.

2. Combina todos los ingredientes restantes, excepto el
    néctar de agave, en un tazón mediano, y luego agrega la
    avena. Precaliente su sartén y engrásela ligeramente.
    Cocine ¼ taza de masa de leche a la vez durante unos 3
    minutos por cada lado. Adorne con néctar de agave.

Nutrición:

Calorías: 257

Proteína 14g

Carbohidratos 46g

Grasa 7g

Sodio 123 mg

Revuelto de espinacas, champiñones y queso feta

Tiempo de preparación: 15 minutos

Hora de cocinar: 4 minutos

Porciones: 1

Ingredientes:

- Aceite de oliva en aerosol de cocina

- ½ c. Champiñón en rodajas

- 1 c. de espinacas picadas

- 3 Huevos

- 2 cucharadas. Queso Feta

- Pimienta

Instrucciones:

1. Ponga una sartén mediana ligeramente engrasada a fuego medio. Añada las espinacas y los hongos, y cocine hasta que las espinacas se marchiten.

2. Combina las claras de huevo, el queso, la pimienta y el huevo entero en un tazón mediano, bate para combinar. Viértalo en la sartén y cocínelo, mientras lo revuelve, hasta que esté listo (unos 4 minutos). Servir.

Nutrición:

Calorías: 236,5

Proteína 22.2g

Carbohidratos 12.9g

Grasa 11.4g

Sodio 405 mg

Panqueques de terciopelo rojo con cubierta de queso crema

Tiempo de preparación: 15 minutos

Tiempo de cocción: 10 minutos

Porciones: 2

Ingredientes:

Cubierta de queso crema:

- 2 onzas de queso crema

- 3 cucharadas de yogur.

- 3 cucharadas. Miel

- 1 cucharada de leche

Panqueques:

- ½ c. Harina de trigo integral

- ½ c. Harina para todo uso

- 2¼tsps. Polvo de hornear

- ½ cdta. Polvo de cacao sin edulcorar

- ¼ tsp. Sal

- ¼ c. Azúcar

- 1 huevo grande

- 1 c. + 2 cucharadas. Leche

- 1 cucharadita de vainilla

- 1 cucharadita de colorante alimenticio de pasta roja

Instrucciones:

1. Combina todos los ingredientes de la cubierta en un tazón mediano y déjalos a un lado. Añade todos los ingredientes del panqueque en un tazón grande y dóblalo hasta que se combinen. Coloca una sartén engrasada a fuego medio para que se caliente.

2. Añade una taza de masa para panqueques ¼ a la sartén caliente y cocina hasta que se empiecen a formar burbujas en la parte superior. Voltee y cocine hasta que esté listo. Repita hasta que la masa esté bien hecha. Agregue los ingredientes y sirva.

Nutrición:

Calorías: 231

Proteína 7g

Carbohidratos 43g

Grasa 4g

Sodio 0mg

Batido de mantequilla de cacahuete y plátano para el desayuno

Tiempo de preparación: 15 minutos

Tiempo de cocción: 0 minutos

Porciones: 1

Ingredientes:

- 1 c. Leche descremada

- 1 cucharada de mantequilla de maní

- 1 Plátano

- ½ tsp. Vainilla

Instrucciones:

1. Ponga la leche descremada, la mantequilla de maní y el plátano en una licuadora. Bata hasta que esté suave.

Nutrición:

Calorías: 295

Proteína 133g

Carbohidratos 42g

Grasa 8.4g

Sodio 100 mg

Barras de granola para el desayuno sin hornear

Tiempo de preparación: 15 minutos

Tiempo de cocción: 0 minutos

Porciones: 18

Ingredientes:

- 2 c. Avena a la antigua

- ½ c. Pasas de uva

- ½ c. Azúcar moreno

- 2½ c. Cereal de maíz y arroz

- ½ c. Jarabe

- ½ c. Mantequilla de maní

- ½ tsp. Vainilla

Instrucciones:

1. En un tazón de mezcla de tamaño adecuado, mezclar con una cuchara de madera, cereal de arroz, avena y pasas. En una cacerola, combine el jarabe de maíz y el azúcar moreno. A fuego medio-alto, remover continuamente la mezcla y llevarla a ebullición.

2. Al hervir, alejar del calor. En una cacerola, revuelva la vainilla y el maní en la mezcla de azúcar. Revuelva hasta que esté muy suave.

3. Ponga la mezcla de mantequilla de cacahuete en el cereal y las pasas en el tazón de mezclar y combine la mezcla en un molde de 9 x 13. Deje que se enfríe adecuadamente, luego corte en barras (18 piezas).

Nutrición:

Calorías: 152

Proteína 4g

Carbohidratos 26g

Grasa 4.3g

Sodio 160 mg

Frittata de champiñones

Tiempo de preparación: 15 minutos

Tiempo de cocción: 25 minutos

Porciones: 4

Ingredientes:

- 1 cucharadita de mantequilla

- 4 chalotas picadas

- ½ lb. setas picadas

- 2 cucharaditas de perejil picado

- 1 cucharadita de tomillo seco

- Pimienta negra

- 3 huevos medianos

- 5 claras de huevo grandes

- 1 cucharada de leche

- ¼ c. queso parmesano rallado

Instrucciones:

1. Calienta el horno a 350 0F. En una sartén de tamaño adecuado, calentar la mantequilla a fuego medio. Añada los chalotes y saltee durante unos 5 minutos o hasta que

se doren. Añada a la olla, tomillo, perejil, champiñones picados y pimienta negra al gusto.

2. Bate la leche, las claras de huevo, el parmesano y los huevos en un tazón. Vierta la mezcla en la sartén, asegurándose de que el hongo esté completamente cubierto. Transfiera la sartén al horno tan pronto como los bordes comiencen a asentarse.

3. Hornea hasta que la frittata esté cocida (15-20 minutos). Debe servirse caliente, cortada en trozos iguales (4 piezas).

Nutrición:

Calorías: 346

Proteína 19.1g

Carbohidratos 48.3g

Grasa 12g

Sodio 218 mg

Panqueques de jack-o-lantern

Tiempo de preparación: 15 minutos

Tiempo de cocción: 5 minutos

Porciones: 8

Ingredientes:

- 1 huevo

- ½ c. Calabaza enlatada

- 1¾c. Leche baja en grasa

- 2 cucharadas de aceite vegetal.

- 2 c. Harina

- 2 cucharadas de azúcar moreno.

- 1 cucharada de polvo de hornear

- 1 cucharadita de especias para pastel de calabaza

- 1 cucharadita de sal

Instrucciones:

1. En un tazón de mezcla, mezclar la leche, la calabaza, los huevos y el aceite. Añade los ingredientes secos a la mezcla de huevos. Revuelva suavemente. Cubra

ligeramente la sartén con el aerosol de cocina y
caliéntela a fuego medio.

2. Cuando la sartén esté caliente, con la cuchara (usando
    una cuchara de postre) se reboza en la sartén. Cuando
    las burbujas empiecen a explotar, voltea los
    panqueques y cocínalos hasta que tengan un bonito
    color marrón dorado.

Nutrición:

Calorías: 313

Proteína 15g

Carbohidratos 28g

Grasa 16g

Sodio 1 mg.

Pizza de frutas

Tiempo de preparación: 15 minutos

Tiempo de cocción: 0 minutos

Porciones: 2

Ingredientes:

- 1 panecillo inglés

- 2 cucharadas de queso crema sin grasa.

- 2 cucharadas de fresas en rodajas

- 2 cucharadas de arándanos

- 2 cucharadas de piña triturada

Instrucciones:

1. Corta el panecillo inglés por la mitad y tuesta por la mitad hasta que se dore ligeramente. Cubra ambas mitades con queso crema. Coloca las frutas sobre el queso crema en las mitades del panecillo. Servir poco después de la preparación. Las sobras se refrigeran en 2 horas.

Nutrición:

Calorías: 119

Proteína 6g

Carbohidratos 23g

Grasa 1g

Sodio 288 mg

Magdalenas de lino, plátano y yogur.

Tiempo de preparación: 15 minutos

Tiempo de cocción: 20 minutos

Porciones: 12

Ingredientes:

- 1 c. Harina de trigo integral

- 1 c. Avena enrollada a la antigua

- 1 cucharadita de bicarbonato de sodio

- 2 cucharadas. Linaza molida

- 3 grandes bananas maduras

- ½ c. Yogur griego

- ¼ c. Puré de manzana sin endulzar

- ¼ c. Azúcar moreno

- 2 cucharaditas de extracto de vainilla

Instrucciones:

1. Ponga el horno a 355 0F y precaliéntelo. Prepare el molde de panecillos, o puede usar aerosol de cocina o

revestimientos para panecillos. Combine los ingredientes secos en un tazón para mezclar.

2. En un tazón separado, mezcla el yogur, el plátano, el azúcar, la vainilla y el puré de manzana. Combine ambas mezclas y mezcle. No mezcle en exceso. La masa no debe ser lisa sino grumosa. Hornee durante 20 minutos, o cuando se inserte, el palillo saldrá limpio.

Nutrición:

Calorías: 136

Proteína 4g

Carbohidratos 30g

Grasa 2g

Sodio 242 mg

Almuerzo

Pechuga de pollo cremosa

Tiempo de preparación: 10 minutos

Tiempo de cocción: 20 minutos

Porciones: 4

Ingredientes:

- 1 cucharada de aceite de oliva

- Una pizca de pimienta negra

- 2 libras de pechugas de pollo, sin piel, sin huesos y en cubos.

- 4 dientes de ajo, picados

- 2 y ½ tazas de caldo de pollo bajo en sodio

- 2 tazas de crema de coco

- ½ taza de parmesano bajo en grasas, rallado

- 1 cucharada de albahaca, picada

Instrucciones:

1. Calentar una sartén con el aceite a fuego medio-alto, añadir los cubos de pollo y dorarlos durante 3 minutos

por cada lado. Añade el ajo, la pimienta negra, el caldo y la crema, revuelve, cubre la sartén y cocina todo durante 10 minutos más. Añade el queso y la albahaca, revuelve, divide entre los platos y sirve para el almuerzo. ¡Disfrutad!

Nutrición:

Calorías 221

Grasa 6g

Fibra 9g

Carbohidratos 14g

Proteína 7g

Sodio 197 mg

Estofado de pollo indio

Tiempo de preparación: 1 hora

Tiempo de cocción: 20 minutos

Porciones: 4

Ingredientes:

- Pechugas de pollo de una libra, sin piel, sin huesos y en cubos.

- 1 cucharada de garam masala

- 1 taza de yogur sin grasa

- 1 cucharada de jugo de limón

- Una pizca de pimienta negra

- ¼ cucharadita de jengibre, molido

- 15 onzas de salsa de tomate, sin sal añadida

- 5 dientes de ajo, picados

- ½ cucharadita de pimentón dulce

Instrucciones:

1. En un bol, mezclar el pollo con garam masala, yogur, jugo de limón, pimienta negra, jengibre y refrigerador durante 1 hora. Calentar una sartén a fuego medio,

añadir la mezcla de pollo, mezclar y cocinar durante 5-6 minutos.

2. Añade la salsa de tomate, el ajo y el pimentón, revuelve, cocina durante 15 minutos, divide entre los platos y sirve para el almuerzo. ¡Que aproveche!

Nutrición:

Calorías 221

Grasa 6g

Fibra 9g

Carbohidratos 14g

Proteína 16g

Sodio 4 mg.

Mezcla de pollo, bambú y castañas

Tiempo de preparación: 10 minutos

Tiempo de cocción: 20 minutos

Porciones: 4

Ingredientes:

- Muslos de pollo de una libra, deshuesados, sin piel y cortados en trozos medianos.

- 1 taza de caldo de pollo bajo en sodio

- 1 cucharada de aceite de oliva

- 2 cucharadas de aminos de coco

- Jengibre de una pulgada, rallado

- 1 zanahoria, en rodajas

- 2 dientes de ajo, picados

- 8 onzas de brotes de bambú enlatados, sin sal añadida y drenados

- 8 onzas de castañas de agua

Instrucciones:

1. Calentar una sartén con el aceite a fuego medio-alto, añadir el pollo, remover y dorar durante 4 minutos por cada lado. Añade el caldo, los aminos, el jengibre, la zanahoria, el ajo, el bambú y las castañas, revuelve,

cubre la sartén y cocina todo a fuego medio durante 12 minutos. Dividir todo entre los platos y servir. ¡Disfrute!

Nutrición:

Calorías 281

Grasa 7g

Fibra 9g

Carbohidratos 14g

Proteína 14g

Sodio 125mg

Salsa de pollo

Tiempo de preparación: 10 minutos

Tiempo de cocción: 25 minutos

Porciones: 4

Ingredientes:

- 1 taza de salsa suave, sin sal añadida

- ½ cucharadita de comino, molido

- Pimienta negra al gusto

- 1 cucharada de pasta de chipotle

- Muslos de pollo de una libra, sin piel y sin huesos.

- 2 tazas de maíz

- Jugo de 1 lima

- ½ cucharada de aceite de oliva

- 2 cucharadas de cilantro, picado

- 1 taza de tomates cherry, cortados por la mitad

- 1 aguacate pequeño, deshuesado, pelado y cortado en cubos

Instrucciones:

1. En una olla, combinar la salsa con el comino, la pimienta negra, la pasta de chipotle, los muslos de pollo y el maíz, revolver, poner a hervir y cocinar a fuego medio durante 25 minutos. Añada el jugo de lima, el aceite, los tomates cherry y el aguacate, mezcle, divida en tazones y sirva para el almuerzo. ¡Que aproveche!

Nutrición:

Calorías 269

Grasa 6g

Fibra 9g

Carbohidratos 18g

Proteína 7g

Sodio 500 mg.

Arroz con pollo

Tiempo de preparación: 10 minutos

Hora de cocinar: 30 minutos

Porciones: 4

Ingredientes:

- ½ taza de aminos de coco

- 1/3 taza de vinagre de vino de arroz

- 2 cucharadas de aceite de oliva

- 1 pechuga de pollo, sin piel, deshuesada y cortada en cubos.

- ½ taza de pimiento rojo, picado

- Una pizca de pimienta negra

- 2 dientes de ajo, picados

- ½ cucharadita de jengibre rallado

- ½ taza de zanahorias, ralladas

- 1 taza de arroz blanco

- 2 tazas de agua

Instrucciones:

1. Calentar una sartén con el aceite a fuego medio-alto, añadir el pollo, remover y dorar durante 4 minutos por cada lado. Añade los aminos, el vinagre, el pimiento, la pimienta negra, el ajo, el jengibre, las zanahorias, el arroz y el caldo, el caldo, cubre la sartén y cocina a fuego medio durante 20 minutos. Dividir todo en tazones y servir para el almuerzo. ¡Que aproveche!

Nutrición:

Calorías: 70

Carbohidratos: 13g

Grasa: 2g

Proteína: 2g

Sodio 5 mg

Sopa de tomate

Tiempo de preparación: 10 minutos

Tiempo de cocción: 20 minutos

Porciones: 4

Ingredientes:

- 3 dientes de ajo, picados

- 1 cebolla amarilla, picada

- 3 zanahorias, picadas

- 15 onzas de salsa de tomate, sin sal añadida

- 1 cucharada de aceite de oliva

- 15 onzas de tomates asados, sin sal añadida.

- 1 taza de caldo vegetal bajo en sodio

- 1 cucharada de pasta de tomate, sin sal añadida

- 1 cucharada de albahaca seca

- ¼ cucharadita de orégano, seco

- 3 onzas de crema de coco

- Una pizca de pimienta negra

Instrucciones:

1. Calentar una olla con el aceite a fuego medio, añadir el ajo y la cebolla, remover y cocinar durante 5 minutos. Añade las zanahorias, la salsa de tomate, los tomates, el caldo, la pasta de tomate, la albahaca, el orégano y la pimienta negra, revuelve, deja que hierva a fuego lento, cocina durante 15 minutos, añade la crema, licua la sopa con una batidora de inmersión, divídela en tazones y sírvela para el almuerzo. ¡Que aproveche!

Nutrición:

Calorías: 90

Carbohidratos: 20g

Grasa: 0g

Proteína: 2g

Sodio 480 mg

Sopa de bacalao

Tiempo de preparación: 10 minutos

Tiempo de cocción: 25 minutos

Porciones: 4

Ingredientes:

- 1 cebolla amarilla, picada

- 12 tazas de caldo de pescado bajo en sodio

- Zanahorias de una libra, en rodajas

- 1 cucharada de aceite de oliva

- Pimienta negra al gusto

- 2 cucharadas de jengibre, picado

- 1 taza de agua

- Bacalao de 1 libra, sin piel, sin espinas, y cortado en trozos medianos

Instrucciones:

1. Calentar una olla con el aceite a fuego medio-alto, añadir la cebolla, remover y cocinar durante 4 minutos. Añade agua, caldo, jengibre y zanahorias, revuelve y cocina durante 10 minutos más.

2. Licuar la sopa con una batidora de inmersión, añadir el pescado y la pimienta, remover, cocinar durante 10 minutos más, servir en tazones. ¡Que aproveche!

Nutrición:

Calorías: 344

Carbohidratos: 35g

Grasa: 4g

Proteína: 46g

Sodio 334 mg

Sopa de batata

Tiempo de preparación: 10 minutos

Tiempo de cocción: 1 hora y 40 minutos

Porciones: 6

Ingredientes:

- 4 batatas grandes

- 28 onzas de caldo vegetal

- Una pizca de pimienta negra

- ¼ cucharadita de nuez moscada, molida

- 1/3 taza de crema pesada baja en sodio

Instrucciones:

1. Ponga los boniatos en una bandeja de hornear forrada, hornéelos a 350 grados F durante 1 hora y 30 minutos, enfríelos, pélelos, córtelos en trozos grandes y póngalos en una olla.

2. Añadir el caldo, la nuez moscada, la crema y el pulso de pimienta bien con una batidora de inmersión, calentar la sopa a fuego medio, cocinar durante 10 minutos, servir en tazones. ¡Disfrutad!

Nutrición:

Calorías: 110

Carbohidratos: 23g

Grasa: 1g

Proteína: 2g

Sodio 140 mg

y calabacín

Tiempo de preparación: 10 minutos

Tiempo de cocción: 20 minutos

Porciones: 8

Ingredientes:

- 4 tazas de caldo vegetal

- 2 cucharadas de aceite de oliva

- 2 boniatos, pelados y cortados en cubos

- 8 calabacines, picados

- 2 cebollas amarillas, picadas

- 1 taza de leche de coco

- Una pizca de pimienta negra

- 1 cucharada de aminos de coco

- 4 cucharadas de eneldo, picadas

- ½ cucharadita de albahaca picada

Instrucciones:

1. Calentar una olla con el aceite a fuego medio, añadir la cebolla, remover y cocinar durante 5 minutos. Añade los calabacines, el caldo, la albahaca, la patata y el

pimiento, revuelve y cocina durante 15 minutos más. Añadir la leche, los aminos y el eneldo, pulsar con una batidora de inmersión, servir en tazones y servir para el almuerzo.

Nutrición:

Calorías: 270

Carbohidratos: 50g

Grasa: 4g

Proteína: 11g

Sodio 416 mg

Sopa de limoncillo y pollo

Tiempo de preparación: 10 minutos

Tiempo de cocción: 25 minutos

Porciones: 4

Ingredientes:

- 4 hojas de lima, desgarradas

- 4 tazas de caldo vegetal, bajo en sodio

- 1 tallo de limoncillo, picado

- 1 cucharada de jengibre rallado

- Pechuga de pollo de una libra, sin piel, sin huesos y en cubos.

- 8 onzas de hongos, picados

- 4 chiles tailandeses, picados

- 13 onzas de leche de coco

- ¼ taza de jugo de lima

- ¼ taza de cilantro, picado

- Una pizca de pimienta negra

Instrucciones:

1. Ponga el caldo en una olla, hierva a fuego medio, añada limoncillo, jengibre y hojas de lima, revuelva, cocine durante 10 minutos, cuele en otra olla y vuelva a calentar a fuego medio.

2. Añade el pollo, los champiñones, la leche, el cilantro, la pimienta negra, los chiles y el jugo de limón, revuelve, hierve a fuego lento durante 15 minutos, ponlo en un cucharón en los tazones y sirve.

Nutrición:

Calorías: 105

Carbohidratos: 1g

Grasa: 2g

Proteína: 15g

Sodio 200 mg.

Bistecs de salmón para un almuerzo fácil

Tiempo de preparación: 10 minutos

Tiempo de cocción: 20 minutos

Porciones: 4

Ingredientes:

- 1 gran filete de salmón, cortado en 4 filetes

- 3 dientes de ajo, picados

- 1 cebolla amarilla, picada

- Pimienta negra al gusto

- 2 cucharadas de aceite de oliva

- ¼ taza de perejil, picado

- Jugo de 1 limón

- 1 cucharada de tomillo, picado

- 4 tazas de agua

Instrucciones:

1. Calentar una sartén con el aceite a fuego medio-alto, cocinar la cebolla y el ajo en 3 minutos.

---

2. Añade pimienta negra, perejil, tomillo, agua y jugo de limón, revuelve, ponlo a hervir suavemente, añade los filetes de salmón, cocínalos durante 15 minutos, escúrrelos, divídelos entre los platos y sírvelos con una ensalada de acompañamiento para el almuerzo.

Nutrición:

Calorías: 110

Carbohidratos: 3g

Grasa: 4g

Proteína: 15g

Sodio 330 mg

Ensalada balsámica ligera

Tiempo de preparación: 10 minutos

Tiempo de cocción: 0 minutos

Porciones: 3

Ingredientes:

- 1 naranja, cortada en segmentos

- 2 cebollas verdes, picadas

- 1 cabeza de lechuga romana, desgarrada

- 1 aguacate, deshuesado, pelado y cortado en cubos

- ¼ taza de almendras, en rodajas

- Para el aderezo de la ensalada:

- 1 cucharadita de mostaza

- ¼ taza de aceite de oliva

- 2 cucharadas de vinagre balsámico

- Jugo of½ naranja

- Sal y pimienta negra

Instrucciones:

1. En una ensaladera, mezclar naranjas con aguacate, lechuga, almendras y cebollas de verdeo. En otro bol, mezclar el aceite de oliva con vinagre, mostaza, zumo de naranja, sal y pimienta, batir bien, añadir esto a la ensalada, mezclar y servir.

Nutrición:

Calorías: 35

Carbohidratos: 5g

Grasa: 2g

Proteína: 0g

Sodio 400 mg

Sopa de papa morada

Tiempo de preparación: 10 minutos

Tiempo de cocción: 1 hora y 15 minutos

Porciones: 6

Ingredientes:

- 6 papas púrpuras, picadas

- 1 cabeza de coliflor, los ramilletes separados

- Pimienta negra al gusto

- 4 dientes de ajo, picados

- 1 cebolla amarilla, picada

- 3 cucharadas de aceite de oliva

- 1 cucharada de tomillo, picado

- 1 puerro, picado

- 2 chalotas, picadas

- 4 tazas de caldo de pollo, bajo en sodio

Instrucciones:

1. En una fuente de horno, mezclar las patatas con la cebolla, la coliflor, el ajo, la pimienta, el tomillo y la

mitad del aceite, revolver para cubrir, introducir en el horno y hornear durante 45 minutos a 400 grados F.

2. Calentar una olla con el resto del aceite a fuego medio-alto, añadir puerros y chalotas, remover y cocinar durante 10 minutos.

3. Añade las verduras asadas y el caldo, revuelve, lleva a ebullición, cocina durante 20 minutos, transfiere la sopa a tu procesador de alimentos, mézclala bien, divídela en tazones y sírvela.

Nutrición:

Calorías: 70

Carbohidratos: 15g

Grasa: 0g

Proteína: 2g

Sodio 6 mg.

Sopa de puerros

Tiempo de preparación: 10 minutos

Tiempo de cocción: 1 hora y 15 minutos

Porciones: 6

Ingredientes:

- 2 papas doradas, picadas

- 1 taza de ramilletes de coliflor

- Pimienta negra al gusto

- 5 puerros, picados

- 4 dientes de ajo, picados

- 1 cebolla amarilla, picada

- 3 cucharadas de aceite de oliva

- Un puñado de perejil, picado

- 4 tazas de caldo de pollo bajo en sodio

Instrucciones:

1. Calentar una olla con el aceite a fuego medio-alto, añadir la cebolla y el ajo, remover y cocinar durante 5 minutos.

2. Añadir las patatas, la coliflor, la pimienta negra, los puerros y el caldo, remover, poner a fuego lento, cocinar a fuego medio durante 30 minutos, licuar con una batidora de inmersión, añadir el perejil, remover, servir con un cucharón en los tazones.

Nutrición:

Calorías: 125

Carbohidratos: 29g

Grasa: 1g

Proteína: 4g

Sodio 52 mg.

Ensalada de coliflor para el almuerzo

Tiempo de preparación: 2 horas

Tiempo de cocción: 10 minutos

Porciones: 4

Ingredientes:

- 1/3 de taza de caldo vegetal bajo en sodio

- 2 cucharadas de aceite de oliva

- 6 tazas de ramilletes de coliflor, rallados

- Pimienta negra al gusto

- ¼ taza de cebolla roja, picada

- 1 pimiento rojo, picado

- Jugo de ½ limón

- ½ taza de aceitunas kalamata reducidas a la mitad

- 1 cucharadita de menta, picada

- 1 cucharada de cilantro, picado

Instrucciones:

1. Calentar una sartén con el aceite a fuego medio-alto, añadir la coliflor, la pimienta y el caldo, remover, cocinar dentro de 10 minutos, transferir a un bol y

mantener en la nevera durante 2 horas. Mezclar la coliflor con las aceitunas, la cebolla, el pimiento, la pimienta negra, la menta, el cilantro y el zumo de limón, revolver para cubrir y servir.

Nutrición:

Calorías: 102

Carbohidratos: 3g

Grasa: 10g

Proteína: 0g

Sodio 97 mg

Cena

Cóctel de camarones

Tiempo de preparación: 10 minutos

Tiempo de cocción: 5 minutos

Porciones: 8

Ingredientes:

- 2 libras de camarones grandes, desvenados

- 4 tazas de agua

- 2 hojas de laurel

- 1 limón pequeño, cortado a la mitad

- Hielo para enfriar el camarón

- Hielo para servir

- 1 limón mediano cortado en rodajas para servir

- ¾ taza de pastilla de tomate

- 2 y ½ cucharadas de rábano picante, preparado

- ¼ cucharadita de chile en polvo

- 2 cucharadas de jugo de limón

Instrucciones:

1. Vierte las 4 tazas de agua en una olla grande, añade el limón y las hojas de laurel. Hervir a fuego medio-alto, reducir la temperatura y hervir durante 10 minutos. Ponga los camarones, revuelva y cocine en 2 minutos. Mover los camarones a un tazón lleno de hielo y dejarlos a un lado por 5 minutos.

2. En un bol, mezclar la passata de tomate con el rábano picante, el chile en polvo y el zumo de limón y remover bien. Ponga los camarones en un tazón lleno de hielo, con rodajas de limón, y sírvalos con la salsa de cóctel que ha preparado.

Nutrición:

Calorías: 276

Carbohidratos: 0g

Grasa: 8g

Proteína: 25g

Sodio: 182 mg

Ensalada de quinoa y vieiras

Tiempo de preparación: 10 minutos

Tiempo de cocción: 35 minutos

Porciones: 6

Ingredientes:

- 12 onzas de vieiras marinas secas

- 4 cucharadas de aceite de canola

- 2 cucharaditas de aceite de canola

- 4 cucharaditas de salsa de soja baja en sodio

- 1 y ½ taza de quinoa, enjuagada

- 2 cucharaditas de ajo, picado

- 3 tazas de agua

- 1 taza de guisantes, cortados en diagonal

- 1 cucharadita de aceite de sésamo

- 1/3 taza de vinagre de arroz

- 1 taza de cebolletas, en rodajas

- 1/3 taza de pimiento rojo, picado

- ¼ taza de cilantro, picado

Instrucciones:

1. En un bol, mezclar las vieiras con 2 cucharaditas de salsa de soja, remover suavemente, y dejarlas a un lado por ahora. Calentar una sartén con 1 cucharada de aceite de canola a fuego medio-alto, añadir la quinoa, remover y cocinar durante 8 minutos. Poner el ajo, remover y cocinar dentro de 1 minuto más.

2. Poner el agua a hervir a fuego medio, remover, cubrir y cocinar durante 15 minutos. Retire del fuego y deje a un lado cubierto durante 5 minutos. Añadir los guisantes, cubrir de nuevo y dejar durante 5 minutos más.

3. Mientras tanto, en un tazón, mezclar 3 cucharadas de aceite de canola con 2 cucharaditas de salsa de soja, vinagre y aceite de sésamo y remover bien. Añade la quinoa y los guisantes a esta mezcla y revuelve de nuevo. Añada las cebolletas, el pimiento y vuelva a remover.

4. Seca las vieiras y desecha el adobo. Calentar otra sartén con 2 cucharaditas de aceite de canola a fuego alto, añadir las vieiras y cocinarlas durante 1 minuto por cada lado. Añádelos a la ensalada de quinua, revuelve suavemente y sírvelos con cilantro picado.

Nutrición:

Calorías: 181

Carbohidratos: 12g

Grasa: 6g

Proteína: 13g

Sodio: 153 mg

Ensalada de calamares y camarones

Tiempo de preparación: 10 minutos

Tiempo de cocción: 15 minutos

Porciones: 4

Ingredientes:

- 8 onzas de calamar, cortado en trozos medianos

- 8 onzas de camarones, pelados y desvenados

- 1 cebolla roja, en rodajas

- 1 pepino, picado

- 2 tomates, cortados en trozos medianos

- 2 cucharadas de cilantro, picado

- 1 pimiento jalapeño picante, cortado en redondos

- 3 cucharadas de vinagre de arroz

- 3 cucharadas de aceite de sésamo oscuro

- Pimienta negra al gusto

Instrucciones:

1. En un bol, mezclar la cebolla con el pepino, los tomates, el pimiento, el cilantro, los camarones y los calamares y revolver bien. Cortar un gran papel pergamino por la

mitad, doblarlo en forma de corazón y abrirlo. Coloca la mezcla de mariscos en este trozo de pergamino, dóblalo, sella los bordes, colócalo en una bandeja de hornear e introdúcelo en el horno a 400 grados F durante 15 minutos.

2. Mientras tanto, en un pequeño tazón, mezcla el aceite de sésamo con el vinagre de arroz y la pimienta negra y revuelve muy bien. Saque la ensalada del horno, déjela enfriar unos minutos y pásela a un plato de servir. Poner el aderezo sobre la ensalada y servir inmediatamente.

Nutrición:

Calorías: 235

Carbohidratos: 9g

Grasa: 8g

Proteína: 30g

Sodio: 165 mg

Cóctel de mariscos con perejil

Tiempo de preparación: 2 horas y 10 minutos

Tiempo de cocción: 1 hora y 30 minutos

Porciones: 4

Ingredientes:

- Un pulpo grande, limpiado

- Mejillones de una libra

- 2 libras de almejas

- 1 gran calamar cortado en anillos

- 3 dientes de ajo, picados

- 1 costilla de apio, cortada transversalmente en tercios

- ½ taza de costilla de apio, en rodajas

- 1 zanahoria, cortada transversalmente en 3 pedazos

- 1 cebolla blanca pequeña, picada

- 1 hoja de laurel

- ¾ copa de vino blanco

- 2 tazas de achicoria, en rodajas

- 1 cebolla roja, en rodajas

- 1 taza de perejil, picado

- 1 taza de aceite de oliva

- 1 taza de vinagre de vino tinto

- Pimienta negra al gusto

Instrucciones:

1. Ponga el pulpo en una olla con la costilla de apio cortada en tercios, ajo, zanahoria, laurel, cebolla blanca y vino blanco. Añade agua para cubrir el pulpo, cúbrelo con una tapa, ponlo a hervir a fuego alto, reduce a fuego bajo, y déjalo cocer a fuego lento dentro de 1 y ½ horas.

2. Escurrir el pulpo, reservar el líquido hirviente y dejar que se enfríe. Poner ¼ taza de líquido de cocción del pulpo en otra olla, añadir los mejillones, calentar a fuego medio-alto, cocer hasta que se abran, transferir a un recipiente y dejar a un lado.

3. Añade las almejas a la sartén, cúbrelas, cocínalas a fuego medio-alto hasta que se abran, pásalas al bol con los mejillones y déjalas a un lado. Añade los calamares a la sartén, cubre y cocina a fuego medio-alto durante 3 minutos, transfiere al bol con los mejillones y las almejas.

4. Mientras tanto, corta el pulpo en pequeños trozos y mézclalo con el resto de los mariscos. Añadir apio en

rodajas, radicchio, cebolla roja, vinagre, aceite de oliva, perejil, sal y pimienta, remover suavemente y dejar en la nevera 2 horas antes de servir.

Nutrición:

Calorías: 102

Carbohidratos: 7g

Grasa: 1g

Proteína: 16g

Sodio: 0mg

Aderezo de jengibre con camarones y cebolla

Tiempo de preparación: 10 minutos

Tiempo de cocción: 5 minutos

Porciones: 2

Ingredientes:

- 8 camarones medianos, pelados y desvenados

- Paquete de 12 onzas de hojas de ensalada mixta

- 10 tomates cherry, cortados por la mitad

- 2 cebollas verdes, en rodajas

- 2 setas medianas, en rodajas

- 1/3 taza de vinagre de arroz

- ¼ taza de semillas de sésamo, tostadas

- 1 cucharada de salsa de soja baja en sodio

- 2 cucharaditas de jengibre, rallado

- 2 cucharaditas de ajo, picado

- 2/3 de taza de aceite de canola

- 1/3 taza de aceite de sésamo

Instrucciones:

1. En un tazón, mezclar el vinagre de arroz con las semillas de sésamo, la salsa de soja, el ajo, el jengibre y remover bien. Vierta esto en la licuadora de la cocina, añada aceite de canola y aceite de sésamo, bata muy bien y deje a un lado. Cepille los camarones con 3 cucharadas del aderezo de jengibre que ha preparado.

2. Caliente su parrilla de cocina a fuego alto, añada los camarones y cocine por 3 minutos, volteando una vez. En una ensaladera, mezclar las hojas de la ensalada con los camarones asados, los champiñones, las cebollas verdes y los tomates. Rocíe el aderezo de jengibre en la parte superior y sirva de inmediato!

Nutrición:

Calorías: 360

Carbohidratos: 14g

Grasa: 11g

Proteína: 49g

Sodio: 469 mg

Sopa de camarones con fruta

Tiempo de preparación: 10 minutos

Tiempo de cocción: 25 minutos

Porciones: 6

Ingredientes:

- 8 onzas de camarones, pelados y desvenados

- Un tallo de limoncillo, aplastado

- 2 pequeños trozos de jengibre, rallados

- 6 taza de caldo de pollo

- 2 jalapeños, picados

- 4 hojas de lima

- 1 y ½ tazas de piña, picada

- 1 taza de champiñones shiitake, picados

- 1 tomate, picado

- ½ pimiento, en cubos

- 2 cucharadas de salsa de pescado

- 1 cucharadita de azúcar

- ¼ taza de jugo de lima

- 1/3 taza de cilantro, picado

- 2 cebolletas, en rodajas

Instrucciones:

1. En una olla, mezclar jengibre con limoncillo, caldo, jalapeños y hojas de lima, remover, hervir a fuego medio, cocinar dentro de 15 minutos. Colar el líquido en un recipiente y desechar los sólidos.

2. Devuelva la sopa a la olla de nuevo, añada piña, tomate, champiñones, pimiento, azúcar y salsa de pescado, revuelva, hierva a fuego medio, cocine durante 5 minutos, añada los camarones y cocine durante 3 minutos más. Retirar del fuego, añadir el jugo de limón, el cilantro y las cebolletas, revolver, servir en tazones de sopa.

Nutrición:

Calorías: 290

Carbohidratos: 39g

Grasa: 12g

Proteína: 7g

Sodio: 21 mg

y garbanzos

Tiempo de preparación: 10 minutos

Tiempo de cocción: 10 minutos

Porciones: 6

Ingredientes:

- 3 dientes de ajo, picados

- 2 cucharadas de aceite de oliva

- Una pizca de copos de chile

- 1 y ½ cucharadas de mejillones frescos, restregados

- 1 taza de vino blanco

- 1 taza de garbanzos, enjuagados

- 1 bulbo de hinojo pequeño, cortado en rodajas

- Pimienta negra al gusto

- Jugo de 1 limón

- 3 cucharadas de perejil, picado

Instrucciones:

1. Calentar una cacerola grande con el aceite de oliva a fuego medio-alto, añadir el ajo y las hojuelas de chile, remover y cocinar en un par de minutos. Añade el vino

blanco y los mejillones, revuelve, cubre y cocina
durante 3-4 minutos hasta que los mejillones se abran.

2. Pasa los mejillones a una bandeja de hornear, añade un
    poco del líquido de cocción sobre ellos, y refrigéralos
    hasta que estén suficientemente fríos. Saque los
    mejillones de la nevera y deseche las conchas.

3. Calentar otra cacerola a fuego medio-alto, añadir los
    mejillones, el líquido de cocción reservado, los
    garbanzos y el hinojo, remover bien y calentarlos.
    Añada pimienta negra al gusto, jugo de limón y perejil,
    revuelva de nuevo, divida entre los platos y sirva.

Nutrición:

Calorías: 286

Carbohidratos: 49g

Grasa: 4g

Proteína: 14g

Sodio: 145mg

Estofado de pescado

Tiempo de preparación: 10 minutos

Hora de cocinar: 30 minutos

Porciones: 4

Ingredientes:

- 1 cebolla roja, en rodajas

- 2 cucharadas de aceite de oliva

- Filetes de pescado blanco de una libra, sin espinas, sin piel y cortados en cubos.

- 1 aguacate, deshuesado y picado

- 1 cucharada de orégano, picado

- 1 taza de caldo de pollo

- 2 tomates, en cubos

- 1 cucharadita de pimentón dulce

- Una pizca de sal y pimienta negra

- 1 cucharada de perejil, picado

- Jugo de 1 lima

Instrucciones:

1. Calentar el aceite en una olla a fuego medio, añadir la cebolla y saltear en 5 minutos. Añade el pescado, el aguacate y los otros ingredientes, revuelve, cocina a fuego medio durante 25 minutos más, divide en tazones y sirve para el almuerzo.

Nutrición:

Calorías: 78

Carbohidratos: 8g

Grasa: 1g

Proteína: 11g

Sodio: 151 mg

Sopa de camarones y brócoli

Tiempo de preparación: 5 minutos

Tiempo de cocción: 25 minutos

Porciones: 4

Ingredientes:

- 2 cucharadas de aceite de oliva

- 1 cebolla amarilla, picada

- 4 tazas de caldo de pollo

- Jugo de 1 lima

- Camarones de una libra, pelados y desvenados

- ½ taza de crema de coco

- ½ libra de flores de brócoli

- 1 cucharada de perejil, picado

Instrucciones:

1. Calentar una olla con el aceite a fuego medio, añadir la cebolla y saltear durante 5 minutos. Añade los camarones y los otros ingredientes, y cocina a fuego medio durante 20 minutos más. Cubrir la sopa con un cucharón y servir.

Nutrición:

Calorías: 220

Carbohidratos: 12g

Grasa: 7g

Proteína: 26g

Sodio: 577 mg

Mezcla de coco y pavo

Tiempo de preparación: 10 minutos

Hora de cocinar: 30 minutos

Porciones: 4

Ingredientes:

- 1 cebolla amarilla, picada

- Pechuga de pavo de una libra, sin piel, sin huesos y en cubos.

- 2 cucharadas de aceite de oliva

- 2 dientes de ajo, picados

- 1 calabacín, en rodajas

- 1 taza de crema de coco

- Una pizca de sal marina

- pimienta negra

Instrucciones:

1. Ponga la sartén a fuego medio, añada la cebolla y el ajo y saltee durante 5 minutos. Poner la carne y dorarla en 5 minutos más. Añade el resto de los ingredientes, revuelve, deja que hierva a fuego lento y cocina a fuego

medio durante 20 minutos más. Servir para el almuerzo.

Nutrición:

Calorías 200

Grasa 4g

Fibra 2g

Carbohidratos 14g

Proteína 7g

Sodio 111mg

y col rizada

Tiempo de preparación: 10 minutos

Tiempo de cocción: 20 minutos

Porciones: 4

Ingredientes:

- Camarones de una libra, pelados y desvenados

- 4 cebolletas, picadas

- 1 cucharadita de pimentón dulce

- 1 cucharada de aceite de oliva

- Jugo de 1 lima

- Cáscara de 1 lima, rallada

- Una pizca de sal y pimienta negra

- 2 cucharadas de perejil, picado

Instrucciones:

1. Ponga la sartén a fuego medio, añada las cebolletas y saltee durante 5 minutos. Añade los camarones y los demás ingredientes, revuelve, cocina a fuego medio durante 15 minutos más, divide en tazones y sirve.

Nutrición:

Calorías: 149

Carbohidratos: 12g

Grasa: 4g

Proteína: 21g

Sodio: 250 mg

Mezcla de perejil y bacalao

Tiempo de preparación: 10 minutos

Tiempo de cocción: 20 minutos

Porciones: 4

Ingredientes:

- 1 cucharada de aceite de oliva

- 2 chalotas, picadas

- 4 filetes de bacalao, deshuesados y sin piel

- 2 dientes de ajo, picados

- 2 cucharadas de jugo de limón

- 1 taza de caldo de pollo

- Una pizca de sal y pimienta negra

Instrucciones:

1. Poner la sartén a fuego medio-alto, añadir los chalotes y el ajo y saltear durante 5 minutos. Añade el bacalao y los demás ingredientes, cocina todo durante 15 minutos más, divídelo entre los platos y sírvelo para el almuerzo.

Nutrición:

Calorías: 216

Carbohidratos: 7g

Grasa: 5g

Proteína: 34g

Sodio: 380 mg

Mezcla de salmón y repollo

Tiempo de preparación: 5 minutos

Tiempo de cocción: 25 minutos

Porciones: 4

Ingredientes:

- 4 filetes de salmón, sin espinas

- 1 cebolla amarilla, picada

- 2 cucharadas de aceite de oliva

- 1 taza de col roja, rallada

- 1 pimiento rojo, picado

- 1 cucharada de romero, picado

- 1 cucharada de cilantro, molido

- 1 taza de salsa de tomate

- Una pizca de sal marina

- pimienta negra

Instrucciones:

1. Ponga la sartén a fuego medio, añada la cebolla y saltee durante 5 minutos. Ponga el pescado y sírvalo dentro de 2 minutos por cada lado. Añade el repollo y el resto de

los ingredientes, revuelve, cocina a fuego medio durante 20 minutos más, divide entre los platos y sirve.

Nutrición:

Calorías: 130

Carbohidratos: 8g

Grasa: 6g

Proteína: 12g

Sodio: 345 mg

Red de distribución

Tofu y frijoles verdes salteados

Tiempo de preparación: 15 minutos

Tiempo de cocción: 20 minutos

Porciones: 4

Ingredientes:

- 1 paquete (14 onzas) de tofu extra firme

- 2 cucharadas de aceite de canola

- 1 libra de judías verdes, picadas

- 2 zanahorias, peladas y cortadas en rodajas finas

- ½ taza de Salsa Stir-Fry o Salsa Stir-Fry baja en sodio comprada en la tienda

- 2 tazas de arroz integral esponjoso

- 2 cebolletas, en rodajas finas

- 2 cucharadas de semillas de sésamo

Instrucciones:

1. Ponga el tofu en su plato forrado con un paño de cocina, ponga un paño de cocina separado sobre el tofu, y

ponga una olla pesada encima, cambiando las toallas cada vez que se empapen. Deje que se siente dentro de 15 minutos para eliminar la humedad. Corten el tofu en cubos de 1 pulgada.

2. Calienta el aceite de canola en un wok o sartén grande a fuego medio-alto. Añada los cubos de tofu y cocine, volteando cada 1 o 2 minutos, para que todos los lados se doren. Retire de la sartén y coloque las judías verdes y las zanahorias en el aceite caliente. Fría durante 4 o 5 minutos, revolviendo de vez en cuando, hasta que estén crujientes y ligeramente tiernas.

3. Mientras se cocinan las verduras, prepara la salsa Stir-Fry (si es casera). Coloque el tofu de nuevo en la sartén. Ponga la salsa sobre el tofu y las verduras y déjelo hervir a fuego lento durante 2 o 3 minutos. Sirva sobre el arroz, luego cubra con cebollines y semillas de sésamo.

Nutrición:

Calorías: 380

Grasa: 15g

Sodio: 440mg

Potasio: 454mg

Carbohidratos: 45g

Proteína: 16g

Cacahuete Vegetal Pad Thai

Tiempo de preparación: 15 minutos

Tiempo de cocción: 20 minutos

Porciones: 6

Ingredientes:

- 8 onzas de fideos de arroz integral

- 1/3 taza de mantequilla de maní natural

- 3 cucharadas de caldo de verduras sin sal

- 1 cucharada de salsa de soja baja en sodio

- 2 cucharadas de vinagre de vino de arroz

- 1 cucharada de miel

- 2 cucharaditas de aceite de sésamo

- 1 cucharadita de sriracha (opcional)

- 1 cucharada de aceite de canola

- 1 pimiento rojo, cortado en rodajas finas

- 1 calabacín, cortado en fósforos

- 2 zanahorias grandes, cortadas en fósforos

- 3 huevos grandes, batidos

- ¾ cucharadita de sal kosher o sal marina

- ½ taza de cacahuetes sin sal, picados

- ½ taza de hojas de cilantro, picadas

Instrucciones:

1. Hervir una gran olla de agua. Cocinar los fideos de arroz como se indica en las instrucciones del paquete. Mezclar la mantequilla de cacahuete, el caldo de verduras, la salsa de soja, el vinagre de vino de arroz, la miel, el aceite de sésamo y la sriracha en un bol. Poner a un lado.

2. Calienta el aceite de canola a fuego medio en una gran sartén antiadherente. Añada el pimiento rojo, el calabacín y las zanahorias y saltee de 2 a 3 minutos hasta que estén ligeramente blandos. Añada los huevos y dóblelos con una espátula hasta que estén revueltos. Añada los fideos de arroz cocidos, la salsa y la sal. Mezclar para combinar. Con una cuchara, colóquelos en tazones y cubra uniformemente con los cacahuetes y el cilantro.

Nutrición:

Calorías: 393

Grasa: 19g

Sodio: 561mg

Carbohidratos: 45g

Proteína: 13g

Tazones de burrito de tofu picante con salsa de aguacate y cilantro

Tiempo de preparación: 15 minutos

Tiempo de cocción: 15 minutos

Porciones: 4

Ingredientes:

Para la salsa:

- ¼ taza de yogur griego sin grasa

- ½ taza de hojas de cilantro fresco

- ½ aguacate maduro, pelado

- Cáscara y jugo de 1 lima

- 2 dientes de ajo, pelados

- ¼ cucharadita de sal kosher o sal marina

- 2 cucharadas de agua

Para los tazones de burrito:

- 1 paquete (14 onzas) de tofu extra firme

- 1 cucharada de aceite de canola

- 1 pimiento amarillo o naranja, cortado en cubos

- 2 cucharadas de condimento para tacos

- ¼ cucharadita de sal kosher o sal marina

- 2 tazas de arroz integral esponjoso

- Una lata de 15 onzas de judías negras, escurridas

Instrucciones:

1. Ponga todos los ingredientes de la salsa en el tazón de un procesador de alimentos o licuadora y haga un puré hasta que esté suave. Pruebe y ajuste el condimento, si es necesario. Refrigerar hasta que esté listo para su uso.

2. Ponga el tofu en su plato forrado con un paño de cocina. Ponga otra toalla de cocina sobre el tofu y coloque una olla pesada encima, cambiando las toallas si se empapan. Déjelo reposar dentro de 15 minutos para eliminar la humedad. Corten el tofu en cubos de 1 pulgada.

3. Calienta el aceite de canola en una gran sartén a fuego medio. Añada el tofu y el pimiento y saltéelo, rompiendo el tofu en trozos más pequeños durante 4 o 5 minutos. Añade el condimento para taco, la sal y una taza de agua. Dividir uniformemente el arroz y los frijoles negros entre 4 tazones. Cubrir con la mezcla de tofu y pimiento y cubrir con la salsa de aguacate y cilantro.

Nutrición:

Calorías: 383

Grasa: 13g

Sodio: 438mg

Carbohidratos: 48g

Proteína: 21g

Pasteles de batata con el clásico guacamole

Tiempo de preparación: 15 minutos

Tiempo de cocción: 20 minutos

Porciones: 4

Ingredientes:

Para el guacamole:

- 2 aguacates maduros, pelados y deshuesados
- ½ jalapeño, sembrado y finamente picado
- ¼ Cebolla roja, pelada y cortada en trozos finos
- ¼ taza de hojas de cilantro fresco, picadas
- Cáscara y jugo de 1 lima
- ¼ cucharadita de sal kosher o sal marina

Para los pasteles:

- 3 batatas, cocidas y peladas
- ½ taza de frijoles negros cocidos
- 1 huevo grande
- ½ taza panko pan rallado

- 1 cucharadita de comino molido

- 1 cucharadita de chile en polvo

- ½ cucharadita de sal kosher o sal marina

- ¼ cucharadita de pimienta negra molida

- 2 cucharadas de aceite de canola

Instrucciones:

1. Triture el aguacate, luego agregue el jalapeño, la cebolla roja, el cilantro, la cáscara de lima y el jugo, y la sal en un tazón. Pruebe y ajuste el condimento, si es necesario.

2. Ponga los boniatos cocidos y las judías negras en un bol y tritúrelos hasta que se forme una pasta. Añade el huevo, el pan rallado, el comino, el chile en polvo, la sal y la pimienta negra hasta que se combinen.

3. Calentar aceite de canola en una gran sartén a fuego medio. Formar la mezcla de camote en 4 hamburguesas, colocarlas en la sartén caliente y cocinarlas en 3 o 4 minutos por cada lado, hasta que estén doradas y crujientes. Sirva las tortas de batata con guacamole en la parte superior.

Nutrición:

Calorías: 369

Grasa: 22g

Sodio: 521mg

Carbohidratos: 38g

Proteína: 8g